BEI GRIN MACHT SICH IHR WISSEN BEZAHLT

- Wir veröffentlichen Ihre Hausarbeit, Bachelor- und Masterarbeit

- Ihr eigenes eBook und Buch - weltweit in allen wichtigen Shops

- Verdienen Sie an jedem Verkauf

Jetzt bei www.GRIN.com hochladen und kostenlos publizieren

Anonym

Die rechtlichen Grundlagen des Arbeitsrechtes. Vom Beginn des Arbeitsverhältnisses bis zur Kündigung

GRIN Verlag

Bibliografische Information der Deutschen Nationalbibliothek:

Die Deutsche Bibliothek verzeichnet diese Publikation in der Deutschen National-
bibliografie; detaillierte bibliografische Daten sind im Internet über http://dnb.d-
nb.de/ abrufbar.

Impressum:

Copyright © 2007 GRIN Verlag GmbH
Druck und Bindung: Books on Demand GmbH, Norderstedt Germany
ISBN: 978-3-656-76744-2

Dieses Buch bei GRIN:

http://www.grin.com/de/e-book/281390/die-rechtlichen-grundlagen-des-arbeitsrech-
tes-vom-beginn-des-arbeitsverhaeltnisses

GRIN - Your knowledge has value

Der GRIN Verlag publiziert seit 1998 wissenschaftliche Arbeiten von Studenten, Hochschullehrern und anderen Akademikern als eBook und gedrucktes Buch. Die Verlagswebsite www.grin.com ist die ideale Plattform zur Veröffentlichung von Hausarbeiten, Abschlussarbeiten, wissenschaftlichen Aufsätzen, Dissertationen und Fachbüchern.

Besuchen Sie uns im Internet:

http://www.grin.com/

http://www.facebook.com/grincom

http://www.twitter.com/grin_com

Kapitel 1: Das Arbeitsrecht und das Arbeitsverhältnis

I. Arbeitsrecht

Arbeitsrecht ist die Summe der Rechtsnormen, die sich auf die in abhängiger, weisungsgebundener Tätigkeit geleistete Arbeit beziehen.

Das staatliche Arbeitsrecht ist ursprünglich als Arbeitnehmerschutzrecht entstanden. Die Verelendung breiter Schichten im Zuge der Industrialisierung veranlasste den Souverän im 19. Jahrhundert zu legislativen Maßnahmen, weil das soziale Elend des vierten Standes der Arbeiterschaft, die Interessen und die Stabilität der gesamten staatlichen Ordnung zu gefährden drohte.

Das Grundgesetz prägt durch zahlreiche Einzelbestimmungen, vor allem durch die Grundrechte in einem verfassungsrechtlichen Ordnungsrahmen die Arbeitsrechtsordnung.

Zwischen dem Arbeitsrecht und der Wirtschaftsordnung besteht ein unlösbarer Zusammenhang. Das Arbeitsrecht kann in seinen umfassenden Steuerungsaufgaben zutreffend als Baustein und Teilbereich der jeweiligen Wirtschaftsverfassung verstanden werden. Unter Wirtschaftsverfassung ist die Summe aller Normen zu verstehen, welche den Einsatz der Produktionsmittel und die Verteilung der im Wirtschaftsprozess erzeugten Güter regeln.

In der Bundesrepublik Deutschland ist das Arbeitsrecht ein Grundpfeiler der Wirtschaftsordnung, die als „soziale Marktwirtschaft" bezeichnet wird. Eine wichtige, unverzichtbare Grundlage der marktwirtschaftlichen Ordnung ist das private Eigentum an den Produktionsmitteln. Die jeweilige Eigentumsordnung hat weitereichenden Einfluss auf die Grundstruktur des Arbeitsrechts in allen seinen Teilbereichen (Arbeitsvertrag, Betriebsverfassung, Tarifautonomie und Mitbestimmung).

Die Entstehungsgeschichte des modernen Arbeitsrechts im 19.Jahrhundert, als es darum ging, die Proletarier vor weiterer Verelendung zu schützen, hat dazu geführt, den einzigen oder doch damals zutreffend vorrangigen Zweck des Arbeitsrechts im Schutz der abhängigen Arbeitnehmer gegen die übermächtigen Arbeitgeber zu sehen. Diese Sicht wird der Vielfalt der ordnungspolitischen Aufgabe des Arbeitsrechts nicht mehr gerecht.
Das Arbeitsrecht erfüllt in entwickelten Industriegesellschaften mehrere gleichrangig wichtige Aufgaben:
- es schützt die im Regelfall sozial schwächeren und wirtschaftlich unterliegenden Arbeitnehmer im Sinne von Mindeststandards.
- es schafft durch die kollektivrechtlichen Institutionen der Betriebsverfassung, der Unternehmensmitbestimmung und der Tarifautonomie die Voraussetzungen eines fairen Ausgleichs und einer Harmonisierung der gegensätzlichen und der gemeinsamen kollektiven Interessen der Arbeitsmarktparteien.
- Es fördert eine möglichst reibungs- und konfliktarme und effektive Produktion von Waren und Dienstleistungen im Interesse der Wettbewerbsfähigkeit.
- Es sichert die Stabilität der Gesellschafts- und Staatsordnung durch die rechtliche Kanalisierung schichtspezifischer Interessengegensätze der Arbeitsmarktparteien.

Für den Arbeitnehmer ist der Arbeitsvertrag, den er mit dem Arbeitgeber schließt, regelmäßig ein besonders wichtiges Rechtsgeschäft: der Arbeitnehmer stellt dem Arbeitgeber seine Arbeitskraft zur Verfügung; von dem Arbeitsentgelt hatte er seinen und seiner Familie

Lebensunterhalt zu bestreiten. Deshalb ist er darauf angewiesen, dass er einen entsprechenden Lohn erhält, seine Gesundheit durch die Arbeit nicht gefährdet wird und ihm sein Arbeitsplatz möglichst erhalten bleibt.

Einen Ausgleich der potenziellen Unterlegenheit der Arbeitnehmer versucht das Arbeitsrecht auf verschiedenen Wegen zu erreichen: durch Einschränkung der Vertragsfreiheit beim Arbeitsvertrag, die Anerkennung von Kollektivvereinbarungen sowie die Beteiligung der Arbeitnehmer an den Entscheidungsprozessen im Betrieb und im Unternehmen.

Das Arbeitsrecht hält am Grundsatz der Vertragsfreiheit fest. Wegen der besonderen Schutzbedürftigkeit der Arbeitnehmer wird die Vertragsfreiheit aber vom Staat durch nicht abdingbare Gesetze eingeschränkt.

Vertragsfreiheit bedeutet zunächst Abschlussfreiheit. Danach ist jeder frei darin, ob und mit wem er einen Vertrag schließt. Das kann dazu führen, dass bestimmte Personengruppen nur schwer einen Arbeitsplatz finden. Geben würden gesetzliche Vorschriften entgegen. So darf der Arbeitgeber einen Bewerber bei der Begründung des Arbeitsverhältnisses nicht wegen seines Geschlechts benachteiligen (§611a BGB).

Vertragsfreiheit bedeutet auch die Freiheit der inhaltlichen Gestaltung des Vertrages. Beide Parteien sind in der Lage, den Inhalt des Vertrages frei zu bestimmen. Das kann zu Arbeitsbedingungen führen, die weder dem Entgeltschutz noch dem Gesundheitsschutz, noch dem Kündigungsschutz des Arbeitnehmers Rechnung tragen. Das soll durch zwingende gesetzliche Bestimmungen verhindert werden.

Der arbeitsrechtliche Sozialschutz hat ökonomische Funktionsgrenzen. Die unlösbare Verknüpfung des Arbeitsrechts mit der Wirtschaftsordnung kann gegenläufige Wirkungen entfalten. Das gilt vor allem dort, wo die Vertragsfreiheit der Arbeitgeberseite unterschiedliche Gestaltungsmöglichkeiten gibt, etwa zwischen der Schaffung neuer Arbeitsplätze oder der Investition in anderen Bereichen.

Einseitige Ergebnisse zum Nachteil des schwächeren Arbeitnehmers werden vermieden, wenn beim Vertragsschluss auf der Arbeitnehmerseite nicht der einzelne Arbeitnehmer, sondern eine Vereinigung der Arbeitnehmer steht. Das ist beim Tarifvertrag der Fall. Hierfür das Prinzip der Vertragsfreiheit in aller Regel zu gerechten Ergebnissen, da annähernd gleich starke Parteien den Tarifvertrag schließen.

Verträge gibt es auch auf der betrieblichen Ebene; so kann der Betriebsrat mit dem Arbeitgeber eine Betriebsvereinbarung über Arbeitsbedingungen sowie über betriebliche und betriebsverfassungsrechtliche Fragen schließen.

II. Arbeitsverhältnis

Das Arbeitsverhältnis beruht auf einem Arbeitsvertrag. Der Arbeitsvertrag ist ein privatrechtliches Dauerschuldverhältnis des besonderen Schuldrechts im BGB: der Arbeitnehmer verpflichtet sich gegenüber dem Arbeitgeber, weisungsgebunden vertraglich vereinbarte, unselbstständige Dienste zu leisten. Er steht insoweit in persönlicher Abhängigkeit von den Weisungen und der Arbeitsorganisation des Arbeitgebers. Der Arbeitgeber verpflichtet sich, das vereinbarte Arbeitsentgelt zu zahlen.

1. Voraussetzungen und Parteien des Arbeitsverhältnisses

a) Voraussetzungen

Es muss ein privatrechtlicher Vertrag vorliegen. Fehlt er, scheidet ein Arbeitsverhältnis aus, selbst wenn unselbstständige Dienste geleistet werden. Deshalb gehören die Rechtsverhältnisse folgender Personengruppen nicht zu den Arbeitsverhältnissen:

- Unfreie z. B. Strafgefangene, Sicherungsverwahrte
- Beamte, Richter, Soldaten und Zivildienstleistende leisten zwar Arbeit im Dienste eines anderen, nicht aber aufgrund eines privatrechtlichen Vertrages, sondern aufgrund eines öffentlich-rechtlichen Dienst- und Treueverhältnisses.
- Familienangehörige des Arbeitgebers sind zum Teil kraft Gesetzes zur Arbeitsleistung verpflichtet und insoweit nicht Arbeitnehmer.

Es muss sich um einen Dienstvertrag handeln. Dieser ist ein gegenseitiger Vertrag, indem sich der eine Teil zur Leistung der versprochenen Dienste und der andere zur Gewährung der vereinbarten Vergütung verpflichtet.

Es muss sich um unselbstständige Dienste handeln. Hinsichtlich der Unselbstständigkeit unterscheidet sich der Arbeitsvertrag vom selbstständigen Dienstvertrag. Der Arbeitnehmer unterliegt hinsichtlich der Ausführung der Arbeit den Weisungen des Arbeitgebers. Der Selbstständige dagegen verfügt im Wesentlichen frei über seine Tätigkeit und Arbeitszeit.

b) Parteien

(1) Arbeitnehmer

Arbeitnehmer ist derjenige, der zur Arbeitsleistung aufgrund eines Arbeitsvertrages verpflichtet ist.

Jede Arbeitnehmer ist entweder Angestellte oder Arbeiter. Diese Unterscheidung stammt aus dem Sozialversicherungsrecht. Der Angestellte ist bei der Angestelltenversicherung, der Arbeiter in der Arbeiterrentenversicherung für den Fall der Berufs- und Erwerbsunfähigkeit sowie des Alters versichert. Nach §133 II SGB und nach der Verkehrsanschauung besteht der Unterschied im Wesentlichen darin, dass der Angestellte überwiegend geistige, die Arbeiter überwiegend körperliche Arbeit leistet.

Zu den Angestellten gehören die leitenden Angestellten. Sie sind Arbeitnehmer; denn sie erbringen ihre Arbeitsleistung aufgrund eines Arbeitsvertrages. Die leitenden Angestellten nehmen jedoch eine Sonderstellung ein. Sie üben in gewissem Umfang Arbeitgeberfunktionen aus und werden daher insoweit anders als übrigen Arbeitnehmer behandelt.

(2) Arbeitgeber

Arbeitgeber ist der Vertragspartner des Arbeitnehmers im Arbeitsvertrag. Arbeitgeber kann jede natürliche und juristische Person sein.

2. Besondere Arbeitsverhältnisse

a) Berufsausbildungsverhältnis

Der Auszubildende schließt mit dem Ausbildenden einen Berufsausbildungsvertrag, auf den die für den Arbeitsvertrag geltenden Vorschriften anzuwenden sind, so weit sich aus dem Sinn des Ausbildungsvertrages und dem BBiG nichts anderes ergibt.

b) Leiharbeitsverhältnis

Beim Leiharbeitsverhältnis stellte der Arbeitgeber den Arbeitnehmer mit dessen Einverständnis für eine bestimmte Zeit einem anderen zur Arbeitsleistung zur Verfügung. Dieser andere erhält damit Arbeitgeberfunktionen. Denn er hat während der Dauer dieser Leihe den Anspruch auf die Arbeitsleistung; ihm steht das Weisungsrecht zu; ihn treffen auch die Schutzpflichten gegenüber dem Arbeitnehmer. Andererseits bleibt das Arbeitsverhältnis mit dem Verleiher bestehen; dieser ist weiterhin zur Lohnzahlung verpflichtet.

c) Mittelbares Arbeitsverhältnis

Gestattet der Arbeitgeber (AG) seinem Arbeitnehmer M, dass dieser seinerseits zur Erfüllung seiner Pflichten aus dem Arbeitsvertrag andere Arbeitnehmer (AN) einstellt, indem er im eigenen Namen mit diesen Arbeitnehmern Arbeitsverträge schließt, dann bestehen außer dem Arbeitsvertrag AG-M weitere Arbeitsverträge M-AN.

d) Teilzeitarbeitsverhältnis

Ein Teilzeitarbeitsverhältnis ist gegeben, wenn der Arbeitnehmer nur für eine Kürzere als die betriebsübliche Wochenarbeitszeit beschäftigt ist.

e) Job-Sharing

Von Job-Sharing spricht man, wenn der Arbeitgeber zwei oder mehrere Arbeitnehmer auf einem Vollzeitarbeitsplatz einsetzt.

f) Probearbeitsverhältnis

Vor dem Abschluss eines Arbeitsvertrages können beide Seiten ein Interesse daran haben, die Eignung und Neigung des Arbeitnehmers für die vorgesehenen Arbeitsaufgaben zu erproben. Das geltende Recht eröffnet dafür verstehe Gestaltungsmöglichkeiten:
- Abschluss eines unbefristeten Arbeitsverhältnisses mich gleichzeitig vereinbarter, anfänglicher, befristeter Probezeit.
- Abschluss eines befristeten Arbeitsverhältnisses.

Kapitel 2: Die rechtlichen Grundlagen des Arbeitsverhältnisses

I. Überblick über die Rechtsquellen

Wenn festgestellt werden soll, ob dem Arbeitgeber oder dem Arbeitnehmer ein bestimmtes Recht aus dem Arbeitsverhältnis zusteht, so ist im Arbeitsvertrag als die Begründungsakt des Arbeitsverhältnisses auszugehen.

Daneben gibt es Gesetzesbestimmungen, die nach dem Willen des Gesetzgebers einer arbeitsvertraglichen Vereinbarung vorgehen (zwingende Gesetzesbestimmungen).

Außer Gesetz und Arbeitsvertrag spielen die Normen der Kollektivvereinbarungen eine große Rolle. Darunter versteht man den Tarifvertrag und die Betriebsvereinbarung. Sie dürfen aber nicht einer zwingenden Gesetzesbestimmung widersprechen.

Danach ergibt sich grundsätzlich folgender Rangordnung:
1. unmittelbar geltendes Recht der Europäischengemeinschaften,
    2. zwingende Gesetzesbestimmungen,
        3. zwingende Tarifvertragnormen
            4. zwingende Bestimmungen eine Betriebsvereinbarung
                5. Einzelarbeitsvertrag

II. Verhältnis der Rechtsquellen zueinander

1. Arbeitsvertrag

Für die Rechte und Pflichten von Arbeitnehmer und Arbeitgeber ist zunächst der von ihnen geschlossene Arbeitsvertrag maßgebend. Den Parteien steht es jedoch nicht völlig frei, was sie als Inhalt des Vertrages vereinbaren. Den arbeitsvertraglichen Bestimmungen gehen zwingende gesetzliche und kollektivvertragliche Regel vor.

2. Gesetzliche Bestimmungen

Die im Grundgesetz enthaltene objektive Wertordnung wirkt auf alle Bereiche des Rechts und damit auch auf das Arbeitsrecht ein. Die arbeitsrechtlichen Normen müssen verfassungskonform ausgelegt werden; dabei ist das Sozialstaatsprinzip zu beachten.

3. Kollektivvereinbarungen

a) Tarifvertrag

Die Normen des Tarifvertrages gelten unmittelbar und zwingend zwischen den beiderseits Tarifgebundenen, die unter den Geltungsbereich des Tarifvertrages fallen.

Nach dem Sinn des Tarifrechts, die Arbeitnehmer zu schützen, haben die Tarifnormen nur eine einseitig zwingende Wirkung. Deshalb bleiben einige vertragliche Abmachungen, die für den Arbeitnehmer günstiger als die Tarifnorm sind, vom Tarifvertrag unberührt (= Günstigkeitsprinzip).

b) Betriebsvereinbarung

Die Normen der Betriebsvereinbarung wirken unmittelbar und zwingend auf die Arbeitsverhältnisse ein. Sie gelten nur für die Arbeitnehmer des jeweiligen Betriebes, allerdings ohne Rücksicht auf deren etwaige Gewerkschaftszugehörigkeit. Auch hier gilt das Günstigkeitsprinzip; arbeitsvertraglichen Abmachungen, die für den Arbeitnehmer günstiger sind, gehen der Betriebsvereinbarung vor.

III. Sonderfälle

1. Arbeitsvertragliche Einheitsregelung

Unter einer arbeitsvertraglichen Einheitsregelung versteht man eine gleich lautende Regelung in den Arbeitsverträgen mit den Betriebsangehörigen ohne Rücksicht auf die Besonderheiten des Einzelfalls.

Eine im Tarifvertrag oder in einer Betriebsvereinbarung enthaltene Leistungsverpflichtung des Arbeitgebers kann nicht durch eine arbeitsvertragliche Einheitsregelung abgebaut werden; denn die Kollektivvereinbarungen sind höherrangig und deshalb nicht durch den Einzelarbeitsvertrag zu Ungunsten des Arbeitnehmers abdingbar (= Rangprinzip).

2. Betriebliche Übung

Die tatsächliche, gleichmäßige Übung innerhalb eines Betriebes ist neben den gesetzlichen und kollektivvertraglichen Normen keine selbständige Rechtsquelle. Eine derartige Übung kann jedoch Grundlage einer Vereinbarung sein oder zur Auslegung des Arbeitsvertrages herangezogen werden.
Teilweise wird eine Bindung des Arbeitgebers auch aus einer Vertrauenshaftung hergeleitet: Hat einerseits der Arbeitgeber durch sein Verhalten einen Vertrauenstatbestand geschaffen, hat andererseits der Arbeitnehmer auf die Fortsetzung der Übung vertraut und sich darauf eingerichtet, dann ist der Arbeitgeber in Zukunft daran gebunden.
Ist eine betriebliche Übung Inhalt des Arbeitsvertrages geworden, so kann ihre Verbindlichkeit nur im Einverständnis beider Vertragsparteien beseitigt werden.

3. Weisungsrecht des Arbeitgebers

Der Arbeitnehmer ist dem Arbeitgeber zur Arbeitsleistung verpflichtet. Im Arbeitsvertrag werden meistens nur Art und Umfang der Arbeit vereinbart; die Einzelheiten der vom Arbeitnehmer zu erbringenden Leistungen ergeben sich aus ihm nicht. Zur Konkretisierung der jeweiligen Pflichten des Arbeitnehmers hat der Arbeitgeber deshalb ein Weisungs-, Direktions- oder Leitungsrecht hinsichtlich der Ausführung der Arbeit.

Kapitel 3: Die Begründung des Arbeitsverhältnisses

I. Abschluss des Arbeitsvertrages

1. Einigung

Niemand kann gezwungen werden, überhaupt einen Vertrag oder einen Vertrag mit einer bestimmten Person abzuschließen. Das gilt auch für Arbeitsvertrag. Dieser besteht aus inhaltlich übereinstimmenden Willenserklärungen, aus Angebot und Annahme. Sofern die Höhe der Vergütung im Arbeitsvertrag nicht geregelt ist, ist nach § 612 BGB die taxmäßige beziehungsweise übliche Vergütung als vereinbart anzusehen.

2. Form

Grundsätzlich bedarf der Arbeitsvertrag keiner Form; er braucht also insbesondere nicht schriftlich abgeschlossen zu werden.

3. Geschäftsfähigkeit

Der Arbeitsvertrag setzt zwei gültige Willenserklärungen voraus. Daran fehlt es, wenn eine Vertragspartei geschäftsunfähig (§104 BGB) oder beschränkt geschäftsfähig (§106) ist.

4. Stellvertretung

Der Abschluss eines Arbeitsvertrages kann sowohl der Arbeitgeber- als auch auf der Arbeitnehmerseite durch einen Stellvertreter erfolgen. Das Geschäft wirkt für und gegen den Vertretenen, wenn der Vertreter im Namen des Vertretenen handelt und wenn er Vertretungsmacht hat (§164 BGB).

5. Beteiligung des Betriebsrates

In Betrieben mit in der Regel mehr als zwanzig wahlberechtigten Arbeitnehmern hat der Arbeitgeber von jedem Abschluss eines Arbeitsvertrages die Zustimmung des Betriebsrats einzuholen.

II. Mängel des Arbeitsvertrages und ihre Folgen

1. Nichtigkeits- und Anfechtungsgründe

a) Die Nichtigkeitsgründe beim Arbeitsvertrag entsprechen denen bei anderen Rechtsgeschäften. Zu nennen sind beispielsweise Formmangel, fehlende Geschäftsfähigkeit, Verstoß gegen ein gesetzliches Verbot (§134 BGB) und die Sittenwidrigkeit des Vertrages (§138 BGB).

b) Die Anfechtungsgründe ergeben sich aus §§119, 123 BGB. Arbeitsrechtlich bedeutsam sind vor allem der Irrtum über eine verkehrswesentliche Eigenschaft der Person und die arglistige Täuschung.

Zu einer Anfechtung nach §119 II BGB berechtigt ein Irrtum über eine verkehrswesentliche Eigenschaft des Vertragspartners. Als Eigenschaften des Arbeitnehmers kommen z.B. dessen Vorbildung, berufliche Fähigkeiten, Gesundheitszustand, Zuverlässigkeit,

Vertrauenswürdigkeit in Betracht. Erheblich ist die Eigenschaft jedoch nur, wenn sie in unmittelbarer Beziehung zum Inhalt des Arbeitsvertrages steht (z.b. AIDS-Infektion bei Operationsschwester).

Eine Anfechtung wegen arglistiger Täuschung nach §123 I BGB setzt vor allem eine Täuschungshandlung voraus. Sie besteht in einem positiven Tun z. B. unwahre Beantwortung von Fragen oder in einem Unterlassen, wenn eine Pflicht zur Aufstellung gegeben ist. Die Täuschung muss widerrechtlich sein. Stellt der Arbeitgeber dem Stellenbewerber vor der Einstellung eine unzulässige Frage, kann der Bewerber die Beantwortung verweigern oder wahrheitsgemäß antworten, also die Vorstrafen angeben; in beiden Fällen wird er regelmäßig die Stelle nicht gekommen. Die Chance, eingestellt zu werden, hat er nur, wenn er die unzulässige Frage wahrheitswidrig beantwortet. Wird er daraufhin eingestellt, kann der Arbeitgeber nicht mit Erfolg wegen arglistige Täuschung anfechten. Die Anfechtung scheide aber nicht mangels Arglist aus, sondern weil die Täuschung nicht widerrechtlich ist. Der Arbeitgeber darf also nur auf zulässige Fragen eine wahrheitsgemäße Antwort erwarten. Zulässig sind nur solche Fragen, die mit der in Aussicht genommenen Tätigkeit und deren Dauer im Zusammenhang stehen.

2. Folgen

Nach allgemeinen Regeln bewirkt das Vorliegen eines Nichtigkeitsgrundes die Nichtigkeit des Arbeitsvertrages, während die Anfechtbarkeit nur dann zur Nichtigkeit des Geschäfts führt, wenn diese wirksam, vor allem fristgemäß (§§121, 124 BGB), angefochten worden ist (§142 BGB).

III. Vertragsanbahnung

1. Schadenersatz wegen Verschuldens bei Vertragsschluss

Mit der Aufnahme von Vertragsverhandlungen entsteht unter den Beteiligten ein vertragsähnliches Vertrauensverhältnis, das zur Beachtung der im Verkehr erforderlichen Sorgfalt verpflichtet; die schuldhafte Verletzung der Sorgfaltspflicht führt zu einer vertragsähnlichen Haftung nach den Grundsätzen der culpa in contrahendo. Eine solche Haftung kann sich vor allem aus der Verletzung von Aufklärungs-, Mitteilungs-, Obhuts- und Verschwiegenheitspflichten ergeben.
Besonderheiten ergeben sich, wenn jemand unter Verletzung des Benachteiligungsverbots §611a BGB nicht eingestellt worden ist.

2. Sonstige Ansprüche

a) Der Bewerber hat gegen den Arbeitgeber einen Anspruch auf Ersatz seiner Vorstellungskosten, wenn ihm Reisekostenersatz zugesagt worden ist. Aber auch dann, wenn der Arbeitgeber ihn zur Vorstellung aufgefordert hat, ohne von der Kostenübernahme etwas gesagt zu haben, steht dem Bewerber nach §670 BGB ein Anspruch auf Ersatz der Aufwendungen zu, die er den Umständen nach für erforderlich halten durfte. Das gilt auch dann, wenn der Bewerber letztlich nicht eingestellt wird.

b) Der Stellenbewerber hat auch einen Anspruch auf Vernichtung des Personalfragebogens, den er anlässlich einer erfolglosen Bewerbung ausgefüllt hat. Etwas anderes soll nur dann gelten, wenn der Arbeitgeber ausnahmsweise ein berechtigtes Interesse daran hat, die mitgeteilten Daten aufzubewahren.

Kapitel 4: Die Pflichten des Arbeitnehmers

I. Arbeitspflicht

1. Schuldner

Der Arbeitnehmer hat die Arbeit im Zweifel in Person zu leisten (§ 613 BGB). Daraus folgt: regelmäßig besteht eine persönliche Arbeitspflicht. Ein Arbeitnehmer ist also nichtberechtigt, einen Ersatzmann zur Arbeit zu schicken.

2. Gläubiger

Der Anspruch auf die Arbeitsleistung ist nach § 613 BGB im Zweifel nicht übertragbar. Der Arbeitgeber kann also seinen Arbeitnehmer nicht in einem anderen Arbeitgeber abgeben.

Stück der Arbeitgeber, treten seine Erben in die Arbeitsverhältnisse ein. Geht ein Betrieb oder Betriebsteil auf Grund eines Rechtsgeschäfts auf einen neuen Inhaber über, tritt diese nach § 613 BGB in die bei Betriebsübergang bestehenden Arbeitsverhältnisse ein.

3. Art der Arbeitsleistung

Die Art der Arbeitsleistung, die der Arbeitnehmer zu erbringen hat, ergibt sich aus dem Arbeitsvertrag und den sonstigen rechtlichen Grundlagen.

Die Frage, ob vom Arbeitnehmer eine andere als die vereinbarte Arbeit gefordert werden kann, wenn eine besondere Abrede fehlt, wird regelmäßig zu verneinen, in Notfällen dagegen eher zu bejahen sein. Im Einzelfall muss der Grundsatz von Treu und Glauben § 242 BGB entscheiden. Dabei ist vor allem darauf abzustellen, ob dem Arbeitnehmer eine solche Änderung der Arbeitspflicht zumutbar ist; die Arbeit muss den körperlichen und geistigen Fähigkeiten des Arbeitnehmers entsprechen.

4. Ort der Arbeit

Auszugehen ist von §269 BGB. Danach ist zunächst maßgebend, ob ein Ort für die Arbeitsleistung vereinbart oder ob er aus den Umständen oder der Art des Schuldverhältnisses zu entnehmen ist; regelmäßig ist die Arbeit im Betrieb des Arbeitgebers zu erbringen.

5. Zeit der Arbeit

Hinsichtlich der Arbeitszeit sind mehrere Fragen voneinander zu trennen: zunächst geht es darum, wann der Arbeitnehmer mit der Erfüllung seiner Arbeitspflicht zu beginnen hat. Ferner ist bedeutsam, wie lange der Arbeitnehmer arbeiten muss. Außerdem kommt es auf Beginn und Ende der täglichen Arbeitszeit an.

II. Sonstige Pflichten des Arbeitnehmers

1. Handlungspflichten

Der Arbeitnehmer ist verpflichtet, die mit dem Arbeitsverhältnis zusammenhängenden berechtigten Interessen des Arbeitgebers nach besten Kräften wahrzunehmen. Daraus folgt etwa die Pflicht des Arbeitnehmers, die in seinem Arbeitsbereich drohenden Schäden anzuzeigen und gegenüber dem Arbeitgeber richtige Angaben zu machen.

2. Unterlassungspflichten

a) Unterlassungspflichten im Allgemeinen

Der Arbeitnehmer ist verpflichtet, alles zu unterlassen, was den mit dem Arbeitsverhältnis zusammenhängenden berechtigten Interessen des Arbeitgebers zuwiderläuft. Dem Arbeitnehmer ist es zum Beispiel nicht gestattet, einen Arbeitskollegen abzuwerben, sodass dieser vertragsbrüchig wird, oder andere Mitarbeiter zu veranlassen, ihre Pflichten aus dem Arbeitsvertrag nicht oder nur schlecht zu erfüllen. Der Arbeitnehmer darf nicht den Betriebsfrieden stören, den Konkurrenten des Arbeitgebers Betriebsgeheimnisse preisgeben, kreditschädigende Äußerungen über den Arbeitgeber abgeben.

b) Einzelne Unterlassungspflichten

(1) Verschwiegenheitspflicht

Der Verrat eines Betriebs- oder Geschäftsgeheimnisses ist nach § 17 UWG strafbar, wenn der Arbeitnehmer es zu Zwecken des Wettbewerbs, aus Eigennutz oder in der Absicht, dem Inhaber des Geschäftsbetriebes Schaden zuzufügen, einem Dritten mitteilt; der Arbeitnehmer macht sich dem Arbeitgeber gegenüber schadenersatzpflichtig (§ 19 UWG).

(2) Bestechlichkeit

Ein Arbeitnehmer macht sich strafbar, wenn er z.B. als Einkäufer im geschäftlichen Verkehr von einem Lieferanten Vorteile fordert, um diesen gegenüber den Mitbewerbern zu bevorzugen.

(3) Wettbewerbsverbot

Gesetzlich ist das Wettbewerbsverbot für Handlungsgehilfen geregelt. Diese dürfen ohne Einwilligung des Arbeitgebers weder ein Handlungsgewerbe betreiben noch im Handelszweig des Arbeitgebers Geschäfte machen, soweit sie als Wettbewerber auftreten.

(4) Verbot von Anzeigen gegen den Arbeitgeber

Ob der Arbeitnehmer befugt ist, den Arbeitgeber bei Behörden anzuzeigen, hängt von den Umständen des Einzelfalles ab. Es sind das Vertrauen des Arbeitgebers darin, von seinem Arbeitnehmer nicht angezeigt zu werden, und das Informationsbedürfnis außerbetrieblicher Stellen gegeneinander abzuwägen.

III. Rechte des Arbeitgebers bei Pflichtverletzungen des Arbeitnehmers

1. Klage auf Erfüllung

Der Arbeitgeber kann gegen den Arbeitnehmer vor dem Arbeitsgericht auf Erfüllung klagen und ein Urteil erstreiten, das den Arbeitnehmer zu einem Bestimmten Tun oder Unterlassung verurteilt.

2. Verweigerung der Lohnzahlung

Da die Pflicht zur Arbeitsleistung mit der Lohnzahlungspflicht im Gegenseitigkeitsverhältnis steht, kann der Arbeitgeber nach §320 I BGB die Lohnzahlung verweigern, bis der Arbeitnehmer eine Arbeitsleistung erbringt. Der Arbeitnehmer ist in der Regel vorleistungspflichtig (§614 BGB).

Regelmäßig ist die versäumte Arbeitsleistung jedoch nicht mehr nachholbar, so dass Unmöglichkeit vorliegt. Der Arbeitgeber wird von seiner Verpflichtung, die Lohnzahlung zu erbringen, frei. Das ergibt sich für eine vom Arbeitnehmer verschuldete Unmöglichkeit aus §§325, 323.

Bei Schlechtleistung des Arbeitnehmers scheidet §320 BGB schon deshalb aus, weil der Arbeitnehmer die Leistung, wenn auch schlecht, erbracht hat.

3. Schadenersatzanspruch

Der Arbeitgeber kann vom Arbeitnehmer Ersatz des Schadens verlangen, der ihm durch eine schuldhafte Pflichtverletzung des Arbeitnehmers entstanden ist.

a) Schuldhafte Nichtleistung

Da im Falle schuldhafter Nichtleistung des Arbeitnehmers in der Regel eine verschuldete Unmöglichkeit vorliegt, folgt der Schadenersatzanspruch aus §325 BGB.

b) Schuldhafte Schlechtleistung

Im Falle schuldhafter Schlechtleistung ist der Arbeitnehmer aus positiver Forderungsverletzung schadenersatzpflichtig. Diese wird von Lehre und Rechtsprechung nach den Grundsätzen der im Gesetz geregelten Fälle der verschuldeten Unmöglichkeit und des Schuldnerverzugs behandelt (entsprechende Anwendung der §§280, 286, 325, 326 BGB).

c) Verschuldensmaßstab

Als Verschulden des Arbeitnehmers kommen Vorsatz und Fahrlässigkeit in Betracht. Fahrlässigkeit liegt vor, wenn der Arbeitnehmer die im Verkehr erforderliche Sorgfalt außer Acht lässt (§276 BGB). Deren Maß richtet sich danach, welche Sorgfalt gerade für die Tätigkeit, die der Arbeitnehmer auszuüben hat, für erforderlich gehalten wird.

4. Einschränkung der Arbeitnehmerhaftung

a) Grund für eine Haftungsbeschränkung

Nach dem soeben Gesagten müsste der Arbeitnehmer bei jedem Verschulden, also selbst bei leichtester Fahrlässigkeit, dem Arbeitgeber den Schaden voll ersetzen, auch wenn dessen Höhe die Leistungsfähigkeit des Arbeitnehmers weit übersteigt. Diese gesetzliche Regelung wird in den Fällen allgemein als unbillig empfunden, in denen eine geringfügige Außerachtlassung der erforderlichen Sorgfalt bei Erfüllung der Arbeitsaufgaben nicht unwahrscheinlich ist.

b) Umfang der Haftungsbeschränkung

Die Rechtsprechung geht von drei Fahrlässigkeitsgraden und von folgendem Haftungsschema aus:

* Vorsatz: volle Haftung des Arbeitnehmers
* grobe Fahrlässigkeit: i. d. R. volle Haftung des Arbeitnehmers
* mittlere Fahrlässigkeit: Aufteilung des Schadens zwischen Arbeitgeber und Arbeitnehmer nach den Umständen des Einzelfalles
* leichte Fahrlässigkeit: keine Schadenersatzpflicht des Arbeitnehmers

Hat der Arbeitnehmer den Schaden grob fahrlässig oder vorsätzlich verursacht, ist er dem Arbeitgeber grundsätzlich zum Schadenersatz voller Höhe verpflichtet.
Jedoch kann eine unbeschränkte Ersatzpflicht im Einzelfall zu einer ungerechten Risikoverteilung führen und deshalb unbillig sein. Dann ist die Haftung des Arbeitnehmers ausnahmsweise auch bei grob fahrlässig im Verhalten beschränkt. Das kommt in Betracht, wenn der Arbeitgeber durch eigenes Verhalten das Schadensrisiko erhöht hat oder wenn der Ersatz des vollen Schadens den Arbeitnehmer wirtschaftlich ruinieren würde.

Ist ein vertraglicher Schadenersatzanspruch des Arbeitgebers gegen den Arbeitnehmer eingeschränkt oder ganz ausgeschlossen, so steht dem Arbeitgeber auch kein weitergehender Anspruch aus unerlaubter Handlung (§823 I BGB) zu. Denn hier gilt der Grundsatz, dass eine strengere Haftung aus unerlaubter Handlung nicht eingereift, wenn eine vertragliche Haftung beschränkt ist.

5. Kündigung

Pflichtverletzungen des Arbeitnehmers können die Fortsetzung des Arbeitsverhältnisses für den Arbeitgeber unzumutbar machen. Dann kommt eine fristgemäße, notfalls eine fristlose Kündigung des Arbeitgebers aus wichtigem Grund in Betracht.

Kapitel 5: Die Pflichten des Arbeitgebers

I. Lohnzahlungspflicht

Nach §611 I BGB ist der Arbeitgeber verpflichtet, dem Arbeitnehmer den vereinbarten Lohn zu zahlen. Die Höhe des Lohnes ergibt sich vielfach aus einem Tarifvertrag, nur in Ausnahmefällen aus einer Betriebsvereinbarung. Greift eine kollektivvertragliche Regelung nicht ein, so ist eine im Arbeitsvertrag vorhandene Bestimmung über die Lohnhöhe maßgebend. Fehlt auch sie, ist letztlich die übliche Vergütung als vereinbart anzusehen (§612 II BGB).

1. Arten des Lohnes

a) Geldlohn
b) Naturallohn
c) Zeitlohn
d) Akkordlohn
e) Grundlohn
f) Lohnzuschläge

2. Lohnzahlung

Vom Arbeitgeber an den Arbeitnehmer auszuzahlen ist der Nettolohn. Dieser wird ermittelt, indem vom Bruttolohn abgezogen werden: die Lohn- und die Kirchensteuer, die Sozialversicherungsbeiträge.

Empfangsberechtigte des Nettolohns ist grundsätzlich der Arbeitnehmer, der von ihm Bevollmächtigte oder auch ein Dritter, auf den die Forderung übergegangen ist.

3. Lohnsicherung

Da der Arbeitslohn in aller Regel die einzige Einnahmequelle und damit die Existenzgrundlage des Arbeitnehmers und seiner Familie darstellt, muss ein bestimmter Teil des Lohnes als Existenzminimum gegenüber pfändenden Gläubigern und gegenüber dem Arbeitgeber gesichert werden. Außerdem müssen beim Konkurs des Arbeitgebers die Lohnforderungen des Arbeitnehmers besser als die Forderungen anderer Gläubiger gestellt werden.

II. Sonstige pflichten des Arbeitgebers

1. Schutzpflichten („Fürsorgepflichten")

Aus dem Arbeitsverhältnis ergeben sich Schutzpflichten für die Vertragsparteien. Die den Arbeitgeber treffenden Schutzpflichten sind heute weit gehende gesetzlich geregelt.

Der Arbeitgeber ist zum Schutz der Person des Arbeitnehmers verpflichtet; dazu gehört vor allem die Pflicht zum Schutz von Leben und Gesundheit des Arbeitnehmers am Arbeitsplatz (§617 ff. BGB).

Die Pflicht zur Beachtung der sozialversicherungsrechtlichen Vorschriften besteht nicht nur gegenüber den Sozialversicherungsträgern; vielmehr ist der Arbeitgeber dazu auch gegenüber dem Arbeitnehmer verpflichtet, damit dessen Rechte aus der Sozialversicherung nicht beeinträchtigt werden.

Die Pflicht zum Schutz des Eigentums des Arbeitnehmers bezieht sich einmal auf die notwendigerweise mitgebrachten Sachen; der Arbeitgeber hat dafür zu sorgen, dass diese Sachen vor Verlust und Beschädigung sicher aufbewahrt werden können; das gilt auch für Fahrzeuge, sofern es sich dabei um Fahrräder oder Mopeds handelt.

2. Gleichbehandlungspflicht

Die Pflicht des Arbeitgebers, die Arbeitnehmer eines Betriebes gleich zu behandeln, verbietet eine unsachliche Benachteiligung einzelner oder mehrere Arbeitnehmer.

Eine gesetzliche Pflicht zur Gleichbehandlung machen enthalten § 75 I BetrVG, §§611a, b, 612 III, 612a BGB und §2 I BeschFG.

Nach § 75 I BetrVG ist der Arbeitgeber zu einer gerechten ungleichmäßigen Behandlung aller im Betrieb tätigen Personen verpflichtet. Bei Maßnahmen im Bereich der Betriebsverfassung ist an den Grundsätzen von Recht und Billigkeit gebunden.

Die §§611a, 611b, 612 III, 612a BGB enthalten dagegen einen Grundsatz der Gleichbehandlung im Einzelarbeitsverhältnis. Die Vorschriften regeln die Gleichbehandlung von Frauen und Männern bei vertraglichen Vereinbarungen und einseitigen Maßnahmen des Arbeitgebers.

Geschlechtsbezogene Ungleichbehandlungen sind nur dort erlaubt, wo ein bestimmtes Geschlecht unverzichtbare Voraussetzung für die auszuübende Tätigkeit ist.

Sofern eine gesetzliche Gleichbehandlungspflicht nicht eingereift, ist die allgemeine arbeitsrechtliche Gleichbehandlungsgrundsatz von Bedeutung. Die Gleichbehandlungspflicht gilt grundsätzlich für alle Maßnahmen und Entscheidungen des Arbeitgebers, seien sie für die Arbeitnehmer günstig oder ungünstig.

Verboten ist auch eine mittelbare Diskriminierung wegen des Geschlechts. Im Unterschied zur unmittelbaren Geschlechtsdiskriminierung knüpft die Ungleichbehandlungen hier nicht an das Merkmal „Geschlecht" sondern an geschlechtsneutrale Kriterien an.

3. Beschäftigungspflicht

Der Arbeitsvertrag begründet nicht nur ein schuldrechtliches Austauschverhältnis von Arbeitsleistung und Lohn. Der Arbeitgeber hat den Arbeitnehmer nicht nur zu bezahlen, sondern auch zu beschäftigen.

III. Rechte des Arbeitnehmers bei Pflichtverletzungen des Arbeitgebers

1. Klage auf Erfüllung

Der Arbeitnehmer kann gegen den Arbeitgeber auf Erfüllung des Vertragspflichten klagen.

Die Lohnzahlungsklage ist der praktisch häufigste Fall. Sie kommt auch dann in Betracht, wenn der Arbeitgeber z. B. dem pfändenden Gläubiger des Arbeitnehmers zu viel gezahlt hat. Dabei ist es unerheblich, ob den Arbeitgeber ein Verschulden trifft. Denn es handelt sich nicht um einen Schadensersatzanspruch des Arbeitnehmers; vielmehr ist insoweit der Lohnanspruch des Arbeitnehmers nicht erfüllt.

Auch bei der Verletzung einer Schutzpflicht des Arbeitgebers kann der Arbeitnehmer vom Arbeitsgericht die Verurteilung des Arbeitgebers zur Erfüllung begehren.

Bei der Verletzung der Gleichbehandlungspflicht kommen Klagen des Arbeitnehmers auf ein positives Tun oder auf ein Unterlassen des Arbeitgebers in Betracht.

2. Zurückbehaltungsrecht

Der Arbeitnehmer kann, wenn der Arbeitgeber die geschuldete Vergütung nicht erbringt, die Einrede des nicht erfüllten Vertrages nach § 320 BGB geltend machen.

Bei Ansprüchen des Arbeitnehmers gegen Arbeitgeber, die nicht im arbeitsvertraglichen Synallagma stehen, kann der Arbeitnehmer seine Arbeitsleistung nach §273 BGB zurückhalten. Eine Verschulden des Arbeitgebers ist hier nicht erforderlich, da der Annahmeverzug kein Verschulden voraussetzt (§293 BGB).

3. Schadenersatzanspruch

Ein Schadenersatzanspruch des Arbeitnehmers setzt eine schuldhafte (§276 I BGB) Pflichtverletzung des Arbeitgebers voraus, ganz gleich, ob sich die Leistungsstörung als Unmöglichkeit, Schuldnerverzug oder positive Forderungsverletzung darstellt. Im Übrigen hat der Arbeitgeber nach §278 BGB für das Verschulden seines Erfüllungsgehilfen ein zustehen.

Ausnahmsweise ist der Arbeitgeber dem Arbeitnehmer analog §670 BGB auch ohne Verschulden zum Schadenersatz verpflichtet. Voraussetzung ist, dass der Arbeitnehmer in Ausführung der ihm übertragenen Arbeit einen Schaden erleidet, der auf einer mit der Tätigkeit verbundenen typischen Gefahrenlage beruht. Schäden des Arbeitnehmers, die sich als Verwirklichung des allgemeinen Lebensrisikos darstellen oder für die der Arbeitnehmer einen Vergütungszuschlag erhält, sind dagegen nicht ersatzfähig.

4. Kündigung

Beim Vorliegen eines wichtigen Grundes kann der Arbeitnehmer das Arbeitsverhältnis fristlos kündigen (§626 BGB).

Kapitel 6: Die Folgen unverschuldeter Arbeitsausfälle

I. Unmöglichkeit

1. Vorübergehende Verhinderung des Arbeitnehmers

Nach §616 I BGB behält der Arbeitnehmer seinen Vergütungsanspruch, wenn er durch einen in seiner Person liegenden Grund ohne sein Verschulden für eine verhältnismäßig nicht erhebliche Zeit an der Arbeitsleistung verhindert ist. Die Vorschrift setzt voraus:

- Die Arbeitsverhinderung muss ihren Grund in den persönlichen Verhältnissen des einzelnen Arbeitnehmers haben.
- Der Arbeitnehmer muss ohne sein Verschulden an der Arbeitsleistung verhindert sein.

2. Krankheit des Arbeitnehmers

Als Anspruchsgrundlage für den Vergütungsanspruch des Arbeitnehmers im Krankheitsfall ist jetzt nur noch der §3 EFZG zu prüfen. Der Arbeitnehmer behält danach seinen Anspruch auf Arbeitsentgelt für die Zeit der Arbeitsunfähigkeit bis zur Dauer von 6 Wochen.

Folgende Voraussetzungen müssen für einen Anspruch auf Fortzahlung der Arbeitsvergütung im Krankheitsfall erfüllt sein:

- Es muss ein Arbeitsverhältnis bestehen.
- Die Krankheit allein muss die Arbeitsunfähigkeit verursacht haben. Krankheit im medizinischen Sinne ist jeder regelwidrige körperliche oder geistige Zustand, welcher der Heilbehandlung bedarf. Zur Arbeitsunfähigkeit führt die Erkrankung, wenn der Arbeitnehmer durch sie gehindert ist, die vertraglich geschuldete Arbeitsleistung zu erbringen, oder wenn nun nur unter der Gefahr der Verschlimmerung seines Zustandes arbeiten kann.
- Die Krankheit darf vom Arbeitnehmer nicht verschuldet sein. Ein solches Verschulden ist nur dann anzunehmen, wenn der Arbeitnehmer grob gegen das von einem verständigen Menschen im eigenen Interesse zu erwartende Verhalten verstößt.

Der erkrankte Arbeitnehmer ist grundsätzlich zur Erbringung von Teilleistungen nicht verpflichtet, selbst wenn er einzelne Tätigkeiten oder die geschuldete Arbeit noch in zeitlich begrenztem Umfang leisten könnte.

Der Arbeitgeber ist ferner nicht befugt, dem Arbeitnehmer eine andere als die vertraglich vereinbarte Arbeit zuzuweisen, auch wenn der Arbeitnehmer dazu ohne Beeinträchtigung der Genesung in der Lage wäre. Das kann der Arbeitgeber nur durch Änderungsvereinbarung oder Änderungskündigung erreichen.

Wird ein Arbeiter infolge Krankheit arbeitsunfähig, so hat er dem Arbeitgeber die Arbeitsunfähigkeit und deren voraussichtliche Dauer unverzüglich mitzuteilen (§5 I EFZG). Dort die Arbeitsunfähigkeit länger als drei Kalendertage, hat der Arbeitnehmer eine ärztliche Bescheinigung über das Bestehen der Arbeitsunfähigkeit sowie deren voraussichtliche Dauer spätestens am darauf folgenden Arbeitstag vorzulegen.

Wenn der Arbeitnehmer schuldhaft seine Anzeige- oder Nachweispflicht verletzt, ist der Arbeitgeber zu Abmahnung berechtigt. Ihm Wiederholungsfall kommt eine verhaltensbedingte Kündigung in Betracht.

Wenn die Voraussetzungen vorliegen, in dem Arbeitnehmer nach § 4 I EFZG 100% des ihm in der für ihn maßgebende regelmäßige Arbeitszeit zustehenden Arbeitsentgelt fortzuzahlen.

Der Vergütungsanspruch des Arbeitnehmers wird nicht dadurch berührt, dass der Arbeitgeber aus Anlass der Arbeitsunfähigkeit kündigt (§8 I EFZG).

II. Betriebs- und Wirtschaftsrisiko

1. Problematik

Es sind Fälle denkbar, in denen die Arbeit aus betrieblichen technischen Gründen nicht erbracht werden kann oder in denen die Arbeitsleistung zwar technisch, aber wirtschaftlich sinnlos ist. Im ersten Fall geht es um das Betriebsrisiko, im zweiten Fall um das Wirtschaftsrisiko.

Nimmt man bei einem solchen Arbeitsausfall einer von keine Vertragspartei verschulden Unmöglichkeit an, dann hat der Arbeitnehmer nach der Grundregel des § 323 I BGB keinen Anspruch auf den Lohn als Gegenleistung.
Stellt man dagegen darauf ab, dass der Arbeitgeber die vom Arbeitnehmer ordnungsgemäß angebotene Arbeitsleistung nicht annimmt, dann kommt er in Annahmeverzug, der ein Verschulden des Gläubigers nicht voraussetzt (§§293 ff BGB). Nach §615 I BGB ist der Arbeitgeber zur Lohnzahlung verpflichtet: allerdings muss sich der Arbeitnehmer das Anrechnen lassen was er infolge des Unterbleibens der Arbeitsleistung erspart oder durch anderweitige Verwendung seiner Arbeitskraft erworben oder zu erwerben böswillig unterlassen hatten.

2. Risikoverteilung

Grundsätzlich trägt der Arbeitgeber das Betriebs- und Wirtschaftsrisiko. Denn der Arbeitgeber erleidet den Betrieb selbstständig, er trägt das wirtschaftliche Risiko, ihm steht auch der erzielte Gewinn zu. Deshalb ist es gerechtfertigt, ihn für die Gefahren einstehen zu lassen, die in den Bereich der Betriebsführung und Unternehmensverantwortung fallen. Demgemäß trifft den Arbeitgeber das Lohnrisiko vor allem bei technischen und wirtschaftlichen Störungen, wenn der Arbeitnehmer zu Arbeitsleistung fähig und bereit ist.

III. Gesetzliche Arbeitsfreistellungen

Das Mutterschutzrecht sichert der berufstätigen Frau einen besonderen Schutz in der Zeit vor und nach der Niederkunft. Bestimmte Beschäftigungsverbote gewährleisten, dass die Frau während der Schwangerschaft nicht mit Arbeiten befasst wird, die eine Gefährdung für Leben oder Gesundheit von Mutter und Kind nach sich ziehen können (§3 I MuSchG). So darf die Frau in den letzten 6 Wochen vor der Entbindung nur mit ihrem ausdrücklichen Einverständnis weiterbeschäftigt werden. In den ersten acht Wochen nach der Entbindung besteht sogar ein absolutes Beschäftigungsverbot (§ 6 I MuSchG). Wäre der zeitlichen Schutzfrist besteht die gesetzl. Krankenversicherungsfrau einen Anspruch auf Zahlung von Mutterschaftsgeld gegen ihre Krankenkasse zu (§13 I MuSchG).

Kapitel 7: Die Beendigung des Arbeitsverhältnisses

Der wichtigste Beendigungsgrund ist die Kündigung. Daneben gibt es andere Beendigungstatbestände, nämlich den Zeitablauf bei befristeten Arbeitsverträgen, den Aufhebungsvertrag, den Eintritt einer auflösenden Bedingung, etwa vertraglich vereinbarte Altersgrenzen, den Tod des Arbeitnehmers und die Auflösung des Arbeitsverhältnisses durch gerichtliche Entscheidung.

I. Ordentliche Kündigung

Die ordentliche Kündigung als Normalfall der Kündigung kommt bei Arbeitsverhältnissen in Betracht, die auf unbestimmte Zeit eingegangen sind. Sie ist auch bei befristeten Arbeitsverhältnissen möglich, sofern die Parteien das Recht zur ordentlichen Kündigung vereinbart haben.

1. Kündigungserklärung

Kündigung ist die empfangsbedürftige Willenserklärung eines Vertragspartners, durch die der Wille zur einseitigen Beendigung des Arbeitsverhältnisses zum Ausdruck gebracht wird. Die Wirksamkeit dieser Erklärung richtet sich zunächst nach den Vorschriften der §§104ff, 623 BGB. Im Einzelnen ist folgendes zu beachten:

Jede Kündigung eines Arbeitsvertrages bedarf nach dem geänderten §623 BGB zwingend der Schriftform. Fehlt sie, so ist die Kündigung nichtig (§126, 125 BGB).

Aus der Kündigungserklärung muss für den Empfänger eindeutig hervorgehen, dass das Arbeitsverhältnis zu einem bestimmten Zeitpunkt beendet werden soll.

Der Kündigungsgrund braucht in der Kündigungserklärung normalerweise nicht angegeben zu werden. Dass die Angabe des Kündigungsgrundes keine Voraussetzung für die Wirksamkeit der Kündigung ist, ergibt sich daraus, dass die ordentliche Kündigung keinen Kündigungsgrund voraussetzt.

Die Kündigung wird erst dann wirksam, wenn sie dem Vertragspartner zugeht (§§130ff). Die Kündigung wird regelmäßig mit der Übergabe an den anwesenden Empfänger und bei der Übersendung dann wirksam, wenn die Erklärung in den Bereich des Empfängers gelangt ist und mit der Möglichkeit der Kenntnisnahme unter normalen Umständen gerechnet werden kann. Der Zugang kann auch unter Inanspruchnahme eines Empfangsboten erfolgen. In diesem Fall wird die Kündigungserklärung wirksam in dem Augenblick, da sie dem Empfangsboten ausgehändigt wird.

Wird die schriftliche Kündigung durch einen Vertreter des Arbeitgebers erklärt, ist sie unwirksam, wenn der Vertreter keine Vollmachtsurkunde vorlegt und der Arbeitnehmer aus diesem Grunde die Kündigung unverzüglich zurückweist.

2. Kündigungsfristen

Unter den Kündigungsfristen ist die Zeitspanne zu verstehen, die mindestens zwischen dem Zugang der Kündigungserklärung und dem Zeitpunkt der in Aussicht genommenen Beendigung des Arbeitsverhältnisses liegen muss. Häufig kann die Kündigung nur zu einem bestimmten Termin erklärt werden.

a) Gesetzliche Kündigungsfristen sind in §622 BGB geregelt

§622 I BGB sieht für Arbeitgeber und Arbeitnehmer gleichermaßen eine Kündigungsfrist von vier Wochen zum 15. oder zum Ende eines Kalendermonats vor.

§622 II BGB enthält eine Sonderregelung für Kündigungen, die der Arbeitgeber ausspricht. Die Kündigungsfrist beträgt hier von einem bis zu sieben Monaten und ist von der Dauer des Arbeitsverhältnisses abhängig. Bei der Berechnung der Beschäftigungsdauer werden Zeiten, die vor Vollendung des 25.Lebensjahres liegen, nicht berücksichtigt.

b) Vereinbarte Kündigungsfristen sind in bestimmten Grenzen zulässig

Einzelvertraglich können kürzere als die des §622 II BGB nicht vereinbart werden. Darüber hinaus dürfen auch keine zusätzlichen Kündigungstermine eingeführt werden.

Tarifvertraglich können alle Kündigungsfristen des §622 BGB abgeändert werden. Mit der Formulierung „abweichende Regelung" sind sowohl Verkürzungen als auch Verlängerungen der Kündigungsfristen gemeint.

3. Anhörung des Betriebsrates und Kündigungsschutz

Nach §102 I BetrVG ist der Betriebsrat vor jeder Kündigung durch den Arbeitgeber zu hören. Eine ohne Anhörung des Betriebsrates ausgesprochene Kündigung ist unwirksam (§102 I BetrVG).

Außerdem ist zu prüfen, ob ein Kündigungsschutz nach dem KSchG oder ein sonstiger besonderer Kündigungsschutz eingreift.

II. Außerordentliche Kündigung

Dauerschuldverhältnisse sind nach deutschem Recht aus wichtigem Grund immer kündbar, weil die Fortsetzung solcher Dauerrechtsbeziehungen auf vielfältige Weise objektiv unzumutbar werden kann. Die außerordentliche Kündigung setzt eine Kündigungserklärung und einen Kündigungsgrund voraus.

1. Kündigungserklärung

Auch die außerordentliche Kündigung muss von einer Vertragspartei der anderen erklärt werden. Im Einzelnen gilt das oben zur ordentlichen Kündigung Gesagte entsprechend.

2. Kündigungsgrund

Nach §626 I BGB kann jede Vertragspartei aus wichtigem Grund ohne Einhaltung einer Kündigungsfrist kündigen, wenn Tatsachen vorliegen, aufgrund deren dem Kündigenden unter Berücksichtigung aller Umstände des Einzelfalls und unter Abwägung der Interessen beider Vertragsteile die Fortsetzung des Arbeitsverhältnisses bis zum Ablauf der Kündigungsfrist oder bis zur vereinbarten Beendigung des Arbeitsverhältnisses nicht zugemutet werden kann.

Eine außerordentliche Kündigung aus wichtigem Grund kommt vornehmlich bei einer schwerwiegenden Verletzung vertraglicher Pflichten durch eine Vertragspartei in Betracht.

Immer kommt es auf die Umstände des Einzelfalles an; die Interessen des einen Vertragspartners an der Beendigung und des anderen Teils an der Fortführung des Arbeitsverhältnisses sind gegeneinander abzuwägen. Vor allem ist zu beachten, dass es sich bei der Kündigung aus wichtigem Grund um das äußerste Mittel handelt.

Ein wichtiger Grund setzt nicht notwendigerweise ein Verschulden des Vertragspartners voraus. So kann etwa die Tatsache, dass der Arbeitnehmer zur Fortsetzung der Arbeit unfähig wird, sowohl den Arbeitgeber als auch den Arbeitnehmer zur fristlosen Kündigung berechtigen.

Hat ein vertragswidriges Verhalten des Arbeitnehmers Anlass für die Kündigung gegeben, bedarf es grundsätzlich einer vorherigen Abmahnung durch den Arbeitgeber. Dieser Fall liegt vor, wenn der Arbeitgeber ein bestimmtes vertragswidriges Verhalten des Arbeitnehmers beanstandet (Hinweisfunktion), ihn zu einem zukünftigen vertragsgemäßen Verhalten auffordert (Ermahnungsfunktion) und ihm für den Wiederholungsfall arbeitsrechtliche Konsequenzen androht (Warnfunktion). Wird die Abmahnung schriftlich ausgesprochen und zur Personalakte genommen, kommt ihr auch eine Dokumentationsfunktion zu.

Eine vorherige Abmahnung bedarf es ausnahmsweise nicht, wenn von vornherein feststeht, dass der mit ihr verfolgte Zweck nicht erreicht werden kann.

3. Ausschlussfrist

Der Kündigungsberechtigte braucht die Kündigung nicht sofort nach Kenntnis des Kündigungsgrundes zu erklären. §626 II BGB schreibt dafür aber eine Ausschlussfrist von zwei Wochen vor.

Die Ausschlussfrist beginnt mit dem Zeitpunkt, in dem der Kündigungsberechtigte Kenntnis von den für die Kündigung maßgebenden Tatsachen erhält (§626 II BGB).

Innerhalb der Frist muss die Kündigungserklärung dem Empfänger zugegangen sein. Nach Ablauf der Frist kann eine außerordentliche Kündigung auf diese Tatsachen nicht mehr gestützt werden. Die Zweiwochenfrist wird nicht dadurch gehemmt, dass der Betriebsrat angehört werden und dieser seine Bedenken gegen die außerordentliche Kündigung innerhalb von drei Tagen mitteilen muss.

4. Anhörung des Betriebsrats

Wie vor der ordentlichen Kündigung hat der Arbeitgeber auch vor der außerordentlichen Kündigung den Betriebsrat zu hören (§102 BetrVG).

5. Umdeutung

Eine unberechtigte außerordentliche Kündigung kann unter den Voraussetzungen des §140 BGB in eine ordentliche Kündigung zum nächst zulässigen Termin umgedeutet werden. Voraussetzung ist, dass die ordentliche Kündigung dem mutmaßlichen Willen des Kündigenden entsprach und dieser Wille dem Gekündigten erkennbar war.

III. Allgemeiner Kündigungsschutz nach dem Kündigungsschutzgesetz

Kündigungsrecht und Kündigungsschutzrecht im Arbeitsvertragsrecht betreffen verfassungsrechtlich geschützte Positionen beider Vertragspartner. Es entspricht dem Gebot des sozialen Staates, dass die Arbeitnehmer gegen grundlose oder willkürliche Kündigungen des Arbeitgebers geschützt sind.

Das Kündigungsschutzrecht hat also die Aufgabe, einen verfassungsgemäßen Interessenausgleich zwischen den Arbeitgeber- und Arbeitnehmerinteressen zu verwirklichen. Da der gesetzliche Kündigungsschutz in zahlreichen weit gefassten Generalklauseln geregelt ist, obliegt diese Aufgabe weitgehend der Arbeitsgerichtsbarkeit.

Das Kündigungsschutzgesetz bezweckt in erster Linie den Schutz des einzelnen Arbeitnehmers vor dem Verlust seines Arbeitsplatzes. Das wird dadurch erreicht, dass eine ordentlichen Kündigung durch den Arbeitgeber, die nach den bisherigen Ausführungen wirksam wäre, sozial gerechtfertigt sein muss (§1 KSchG). Der Arbeitnehmer kann die fehlende soziale Rechtfertigung der Kündigung nur geltend machen, wenn er fristgemäß Kündigungsschutzklage erhebt (§§4, 7 KSchG).

1. Geltungsbereich des KSchG

Es gilt nach §23 I KSchG für Betriebe und Verwaltungen, die in der Regel mehr als fünf Arbeitnehmer beschäftigen. Vom gesetzlichen Kündigungsschutz sind nur Kleinunternehmen mit bis zu fünf Arbeitnehmern befreit.

Der Arbeitnehmer muss beim Zugang der Kündigungserklärung länger als sechs Monate im selben Betrieb oder Unternehmen ohne Unterbrechung beschäftigt sein (§1 KSchG). Erst nach Ablauf dieser Frist wird der Arbeitnehmer geschützt; vorher soll es dem Arbeitgeber möglich sein, den Arbeitnehmer zu erproben und sich von ihm wieder zu trennen.

2. Soziale Rechtfertigung der ordentlichen Kündigung

a) Grundgedanke: Arbeitnehmerschutz vor unbegründeten und willkürlichen Kündigungen

Eine Arbeitgeberkündigung ist unwirksam, wenn sie „sozial ungerechtfertigt" (§1 I KSchG) ist. Ihre Wirksamkeit setzt voraus, dass einer der §1 II KSchG genannten Gründen vorliegt. Weil die Arbeitgeberkündigung einen tiefen Einschnitt in die ökonomische und gesellschaftliche Stellung des Arbeitnehmers bedeuten kann, bindet das KSchG ihre Wirksamkeit an strenge Voraussetzungen, die auf Verlangen des Arbeitnehmers (§4 KSchG) gerichtlich überprüft werden.

b) Das Prüfungsverfahren des BAG

Das BAG hat für diese Prüfung über die Merkmale des KSchG hinaus ein mehrstufiges Verfahren entwickelt.

(1) Der Kündigungsgrund „an sich"
Es prüft zunächst, ob in einem konkreten Fall „an sich" ein Kündigungsgrund nach §1 II 1 KSchG gegeben ist. Das Vorliegen eines „an sich" vorhandenen Grundes reicht jedoch nicht aus, um die Wirksamkeit der Kündigung zu bejahen.

(2) Die Verhältnismäßigkeit
Die Kündigung muss darüber hinaus verhältnismäßig sein. Es ist zu prüfen, ob angesichts aller Umstände des konkreten Falles der für den Arbeitnehmer schwerwiegende Eingriff der Kündigung die angemessene und erforderliche Reaktion des Arbeitgebers darstellt.

c) Die Einzelfallprüfung

Die Entscheidung über die soziale Rechtfertigung einer Kündigung fällt, außer bei § 1 II S.2,3 KSchG in der richterlichen Abwägung des Einzelfalls.

d) Die Kündigungsgründe nach § 1 II KSchG

§ 1 II KSchG nennt drei Gründe, die eine Kündigung sozial rechtfertigen können.

(1) Gründe in der Person des Arbeitnehmers
In der Rechtssprechung haben sich die folgenden Fallgruppen krankheitsbedingter Kündigung herausgebildet: Kündigung wegen lang andauernder Krankheit, wegen häufiger Kurzerkrankungen sowie wegen krankheitsbedingter Minderung der Leistungsfähigkeit. Trotz dieser Typisierung ist in jedem Einzelfall eine umfassende Interessenabwägung erforderlich. Eine Kündigung wegen Krankheit ist nur dann sozial gerechtfertigt, wenn dem Arbeitgeber nicht mehr zugemutet werden kann, die von der Krankheit ausgehenden Beeinträchtigungen noch länger hinzunehmen.

(2) Gründe in dem Verhalten des Arbeitnehmers
Gründe im Verhalten des Arbeitnehmers sind vor allem Vertragsverletzungen (z.B. Schlechtleistung, Bummelei, Verletzung von Anzeige- oder Nachweispflichten im Krankheitsfall), Verstöße gegen die betriebliche Ordnung, strafbare Handlungen im Zusammenhang mit dem Arbeitsverhältnis.

(3) Betriebsbedingte Kündigung
Eine betriebsbedingte Kündigung setzt voraus, dass dringende betriebliche Erfordernisse einer Weiterbeschäftigung des Arbeitnehmers im Betrieb entgegenstehen (§ 1 II 1 KSchG). Das trifft zu, wenn
• der bisherige Arbeitsplatz des Arbeitnehmers weggefallen ist und wenn ferner
• der Arbeitnehmer nicht an einem anderen Arbeitsplatz desselben Betriebes auch nach zumutbaren Umschulungen oder unter geänderten Arbeitsbedingungen weiterbeschäftigt werden kann.
Den Anlass betriebsbedingter Kündigung bildet also die Absicht des Arbeitgebers, den Personalbestand des Betriebes oder Unternehmens zu verringern. Es muss also ein Überhang an Arbeitskräften vorhanden sein, damit eine betriebsbedingte Kündigung gerechtfertigt sein kann.

Soziale Auswahl nach § 1 III KSchG. Es geht darum, ob der Arbeitgeber bei der Auswahl der zu Kündigenden soziale Gesichtspunkte zutreffend berücksichtigt hat. Eine unzutreffende Sozialwahl führt dazu, dass die betriebsbedingte Kündigung ungerechtfertigt ist. Der Gesetzgeber hat die Kriterien auf drei Gesichtspunkte beschränkt, nämlich die Dauer der Betriebszugehörigkeit, das Lebensalter und die Unterhaltspflichten.

3. Geltendmachung der Unwirksamkeit der ordentlichen Kündigung

a) Sozialwidrigkeit der Kündigung

Die Sozialwidrigkeit der Kündigung muss der Arbeitnehmer mit der Kündigungsschutzklage gegen den Arbeitgeber vor dem Arbeitsgericht geltend machen. Er beantragt festzustellen, dass das Arbeitsverhältnis der Parteien durch die Kündigung nicht aufgelöst worden ist (§4, 1 KSchG). Die Klage muss innerhalb von drei Wochen nach Zugang der Kündigung erhoben werden (§4,1 KSchG). Wird diese Frist versäumt, gilt die Kündigung als von Anfang an wirksam (§7 KSchG). Die Frist gilt nicht, wenn der Arbeitnehmer die Sittenwidrigkeit einer Kündigung geltend macht.

Die Entscheidung des Arbeitsgerichts richtet sich danach, ob es die Sozialwidrigkeit der Kündigung bejaht oder verneint.

Kommt das Gericht zu dem Ergebnis, dass die Kündigung das Arbeitsverhältnis nicht aufgelöst hat, so kann es selbst durch Urteil das Arbeitsverhältnis auflösen und den Arbeitgeber zu einer Zahlung einer angemessenen Abfindung verurteilen (§9 KSchG).

Mit der Auflösung des Arbeitsverhältnisses ist vom Gericht eine Abfindung festzusetzen, deren Höhe normalerweise 12 Monatsverdienste nicht übersteigen darf (§10 I KSchG). Für ältere Arbeitnehmer kann die Höchstgrenze für die Abfindung 18 Monatsverdienste erreichen (§10 II KSchG).

b) Nichtigkeit der Kündigung

Die ordentliche Kündigung kann aus verschiedenen Gründen (z.B. mangelnde Geschäftsfähigkeit, mangelnde Form, Sittenwidrigkeit) nichtig sein. Will der Arbeitnehmer gerichtlich klären lassen, dass wegen der Nichtigkeit der Kündigung das Arbeitsverhältnis fortbesteht, so ist er an die Vorschriften des KSchG nicht gebunden.

Bei allen anderen Nichtigkeitsgründen findet das KSchG keine Anwendung (§13 III KSchG). Eine Frist zur Klageerhebung ist also nicht einzuhalten.

4. Geltendmachung der Unwirksamkeit der außerordentlichen Kündigung

Beide Parteien des Arbeitsverhältnisses können die Wirksamkeit einer außerordentlichen Kündigung durch das Arbeitsgericht nachprüfen lassen. Ein Arbeitnehmer, für den das KSchG gilt, kann die Kündigung wegen Fehlens eines wichtigen Grundes jedoch nur innerhalb der Dreiwochenfrist des §4, 1 KSchG angreifen; andernfalls wird sie nach §7 KSchG wirksam (§13 I 2 KSchG).

5. Änderungskündigung und KSchG

Eine Änderungskündigung (§2 KSchG) kann aus Gründen in der Person oder in dem Verhalten des Arbeitnehmers oder durch dringende betriebliche Erfordernisse sozial gerechtfertigt sein. Sie kommt immer dann in Betracht, wenn dem Arbeitgeber die Weiterbeschäftigung des Arbeitnehmers zwar nicht mehr zu den ursprünglichen, wohl aber zu veränderten Bedingungen möglich und zumutbar ist. Das folgt aus dem Grundsatz der Verhältnismäßigkeit. Danach ist der Arbeitgeber gehalten, dem Arbeitnehmer vor Ausspruch einer Beendigungskündigung von sich aus eine mögliche Weiterbeschäftigung zu veränderten Bedingungen anzubieten.

Hat der Arbeitgeber eine Änderungskündigung ausgesprochen, kann der Arbeitnehmer wählen, ob er das Änderungsangebot vorbehaltlos annimmt oder ob er es ablehnt. Im ersten Fall ist der Arbeitsvertrag einvernehmlich geändert; im zweiten Fall kann der Arbeitnehmer innerhalb einer Dreiwochenfrist die Kündigungsschutzklage erheben. Verliert er den Rechtsstreit, dann ist durch die Kündigung das Arbeitsverhältnis aufgelöst; der Arbeitnehmer verliert seinen Arbeitsplatz, weil er auf die vom Arbeitgeber vorgeschlagene Änderung des Arbeitsvertrages nicht eingegangen ist.

§2 KSchG räumt dem Arbeitnehmer eine dritte Möglichkeit ein: Dieser kann das neue Angebot des Arbeitgebers unter dem Vorbehalt annehmen, dass die Änderung der Arbeitsbedingungen nicht sozial ungerechtfertigt ist; diesen Vorbehalt muss er innerhalb der Kündigungsfrist, spätestens innerhalb von drei Wochen nach Zugang der Kündigung erklären (§2, 2 KSchG). Erhebt der Arbeitnehmer innerhalb der Dreiwochenfrist die Feststellungsklage, geht es in diesem Rechtsstreit nicht darum, ob das Arbeitsverhältnis weiter besteht oder durch die Kündigung aufgelöst worden ist. Entschieden wird nur die Frage, ob die Änderung der Arbeitsbedingungen sozial ungerechtfertigt ist. Verliert der Arbeitnehmer diesen Prozess, wird sein Vorbehalt wirkungslos; es gelten die neuen Arbeitsbedingungen. Gewinnt er aber, so gilt die Änderungskündigung als von Anfang an unwirksam (§8 KSchG); es bleibt bei den alten Arbeitsbedingungen. In beiden Fällen behält der Arbeitnehmer seinen Arbeitsplatz.